Contents
目次

令和 5 年度（第 109 回）全国図書館大会岩手大会　第 7 分科会　図書館の自由
テーマ　戦争と図書館
企画　日本図書館協会図書館の自由委員会
講師　新屋朝貴，濱　慎一，荒木英夫
期日　2023 年 11 月 17 日（金）
会場　いわて県民情報交流センター（アイーナ）

はじめに　2

講演　旧大橋図書館から引き継がれた発禁本　新屋朝貴 …………………………4

講演　戦時下における県中央図書館と地方中央図書館
　　　――旧上伊那図書館の資料から　濱　慎一 ……………………………… 21

講演　戦時下の図書館での思想統制
　　　――検閲の事例と「図書館の自由」への道　荒木英夫 ……………… 49

おわりに　62

はじめに

2022年2月24日に始まった「ロシア・ウクライナ戦争」は長期化の様相を呈しており，2年を大きく経過した現在も，和平に向けた動きは進んでいません。ロシアからの軍事攻撃を受けたウクライナでは，2022年10月の時点で，国内約1万5000の図書館のうち，2,475もの図書館が閉鎖されたと伝えられています。ロシアが武力により占領した地区の公立図書館や学校図書館では，ロシア軍が蔵書を押収したり，焼却したりしているという報道もあり（2023年2月），「終わりなき戦争」に陥りつつある中で，ロシアによる文化・教育への弾圧がいっそう懸念されています。

戦争の暴力性が図書館や書物に向かう状況は，侵攻される側だけでなく，侵攻する側において生じる場合もあります。ウクライナでは，2022年6月に，ロシア語を「恐ろしい侵略者の言葉」とみなす国内世論を背景として，ロシア，ベラルーシ，そして，ロシア占領地で印刷されたロシア語書籍の商業輸入を禁止する法律が成立しています。また，ウクライナ文化省が「脱ロシア化」を目指して特定の書籍について撤去する取り組みを主導し，2022年11月時点で1900万冊の書籍が公立図書館から撤去されたという出来事も報じられています。

日本においても，太平洋戦争の中で多くの図書館が被災しました。地上戦を経験した沖縄では図書館の蔵書のほとんどが焼き尽くされ，疎開先に移されたわずかな資料も散逸してしまったと伝えられています。戦争と図書館とのかかわりは資料の被災だけでなく，戦時下の統制において，図書館が「思想善導」の機関としての役割を果たしたということも忘れてはならない歴史的事実です。戦後の日本の図書館界は，こうした反省の上に1954年に「図書館の自由に関する宣言」を採択し，「国民の知る自由を守り，ひろげていく責任を果たす」ことを約束しています。

日本図書館協会図書館の自由委員会は，2023年11月17日に第109回全国図書館大会岩手大会で，分科会「戦争と図書館」を開催しました。本ブックレッ

トでは,太平洋戦争中の思想統制や図書館への弾圧,図書館人の抵抗などをテーマとする3つの講演を収録しています。

　本書を通して,戦時下における図書館の状況について理解を深めるとともに,図書館の自由に関する宣言採択70周年を迎える記念すべきこの年に,あらゆる資料・情報を提供すること,そして,その実現のために不断の努力を続けていくことを使命とする図書館のあり方をともに考えることができれば幸いです。

2024年6月

日本図書館協会図書館の自由委員会
委員長　山口真也

旧大橋図書館から引き継がれた発禁本

新屋朝貴 （(公財)三康文化研究所附属三康図書館）

　みなさんこんにちは。東京都港区からまいりました，三康図書館の新屋と申します。本日はどうぞよろしくお願いします。「図書館の自由」分科会でお話しする場をいただけて，本当にうれしく思っています。
　司書課程で勉強したときに印象に残っている分野でしたが実際働き始めると，図書館の自由の問題を意識する場面というのがなかなかありませんでしたが，最近みたアマゾン・プライムのオリジナルドラマ「パトリオット」に，ルクセンブルクの図書館で図書カードに名前を書き込んでアリバイを偽造するシーンがありました。ルクセンブルクの図書館ではいまだに図書カードを使ってるのか，他の国ではどうなってるんだろうと改めて思い返しました。

自己紹介
- 2013年3月　東洋大学経営学部卒業
- 2016年12月　公共図書館で勤務（非正規）
- 2018年4月　三康図書館で勤務
- 2019年2月　専門図書館協議会 研修委員
- 2020年10月　専門図書館協議会 著作権委員
- 2021年6月　日本図書館協会 専門図書館部会 幹事
- 2022年6月　日本図書館協会 代議員
- 2023年8月　東京都図書館協会 理事

■三康図書館勤続6年目
■広報・企画・来館者サービス・レファレンス
■会計業務全般（法人全体の入出金処理・給与計算など）

　簡単に自己紹介します。僕は公共図書館に1年3か月ぐらい働いたことがあります。三康図書館で働き始めたのは2018年4月，今年［2023年］で6年目で

す。まだまだ新米ですけれども，専門図書館協議会の委員，日本図書館協会の代議員，今年の8月から東京都図書館協会の理事もやらせていただいています。

　最初に三康図書館についてのお話と前身の旧大橋図書館についてお話します。その後に引き継がれた閲覧禁止の図書——発禁本についてお話して，図書以外の雑誌にもいくつか検閲の痕跡が残っているものを所蔵していることをお話します。最後にこういった発禁本をどう利活用しているのかをお話します。

1. 三康図書館について

CHAPTER I
三康図書館について

旧大橋図書館*の蔵書を継承して昭和39（1964）年に発足した図書館。
引継がれた資料は約18万冊におよび、戦前の大衆雑誌から児童書、江戸期の写本や巻物など多岐にわたる分野の資料を所蔵している。
研究所附属図書館として、仏教・宗教関係資料の収集を続けている。

*「私立大橋図書館」の表記が多い

旧大橋図書館とは

明治を代表する出版社「博文館」創業者の大橋佐平が設立を出願し、
息子新太郎により明治35（1902）年に開館、昭和28（1953）年に閉館。
当時、東京市内では数少ない図書館でありながら、児童閲覧室を設けるなど、
子どもから大人まで幅広い世代に利用された。

2

　まず三康図書館の概要です。旧大橋図書館の蔵書を引き継いで設立された私立図書館です。旧大橋図書館——論文では私立大橋図書館の表記が一般的ですけれども，「シリツ大橋図書館」というと，「どこの市の図書館なんですか？」などと指摘されることもあり，東京には目黒区立大橋図書館もあり，勘違いして目黒区に行く人もいて，誤解を避けるために「旧大橋図書館」としています。引き継がれた資料は18万冊あって，戦前の雑誌や児童書，古典籍資料がたくさんあります。研究所の附属図書館としての側面もあり仏教書なども収集しています。

　旧大橋図書館は，明治時代を代表する博文館という出版社の人たちがつくっ

た私立図書館です。1902(明治35)年に設立され戦後にはなくなってしまいます。開館当時は東京市立図書館がひとつもなく，公立図書館普及後も多くの方に使われていました。

三康図書館は東京都港区，観光地のど真ん中にある図書館です。東京タワーの真下，増上寺の裏側にあります。都立芝公園の真ん中，六本木のすぐ近くにあります。

三康図書館の外観

三康図書館の閲覧室

外観と閲覧室はこのようになっています。閲覧席は35席で，公共図書館から比べると小さい図書館だと思いますが，今年の夏にリニューアルして写真のようになりました。以前は床もタイル張りで机は灰色の板面で暗い雰囲気でしたが，少しは雰囲気が変わったかなと思っています。

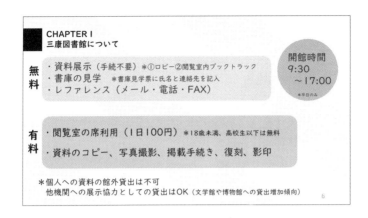

　三康図書館には，無料で使えるところと有料で使えるところがあります。資料展示を見る，書庫の見学をする，レファレンスは当然無料ですが，閲覧室の席を使う場合には1日100円となります。

　個人の方への館外貸出はしていないのですが，他機関へ展示協力としての貸出はしており，最近，文学館や美術館への貸出が増えてきました。

　職員は，三康文化研究所の研究員が6名，その下に図書館があり，司書5名全員が正規職員です。

旧大橋図書館の様子です。館内の様子については旧館のころ，関東大震災前の写真です。和服姿の利用者や，男女で閲覧室が分かれていることがわかります。

最初に旧大橋図書館は博文館という出版社がつくった図書館だと説明しましたが，博文館は1887（明治20）年に創業し15周年事業として図書館をつくろうという動きが出て，私立大橋図書館を設立しました。当時は東京市内に市立図書館がひとつもなかった時代です。東京市内には帝国図書館と大日本教育会附属図書館しかなくて，街の人が気軽に使える図書館がひとつもない中で旧大橋図書館がつくられ，子どもから大人までたくさんの人が使っていました。だからこそ，児童書もあれば自然科学，社会科学も，学習参考書もあります。

CHAPTER I 三康図書館について

■ OPAC　　■ 書名五十音リスト（HP）　　■ 冊子体目録

旧大橋図書館　図書資料　（古典籍資料含む）

分類記号	分野	分類記号	分野	分類記号	分野	分類記号	分野
ア	数学	サ	統計	ナ	農産	ミ・ム	文学
イ	物質科学	シ	経済	ニ	工芸	メ・モ	文学
ウ	生物科学	ス	政治	ヌ	経営	ヤ・ユ	伝記
エ	生理化学	セ	法律	ネ	実際経営	ユ	歴史
オ	心理科学	ソ	教育	ノ	経営事情	ヨ	地誌
カ	語学	タ	測量	ハ	美術	ラ	総記
キ	哲学	チ	機械工学	ヒ	音楽	リ	貴重図書
ク	宗教	ツ	電気工学	フ	技芸	ル	児童図書
ケ	社会科学	テ	建築工学	ヘ	娯楽	レ	新聞雑誌
コ	社会科学	ト	工学	ホ・マ	文学	ロ	自館刊行物

引き継がれた資料18万冊の中に発禁本がありました。引き継がれた図書の

分野もひとつに限られていたわけではないです。旧大橋図書館が今でいう公共図書館の役割を果たしていたので，それだけ多岐にわたる分野の図書の資料があります（文学は 2024 年 4 月から OPAC で検索可能になりました）。

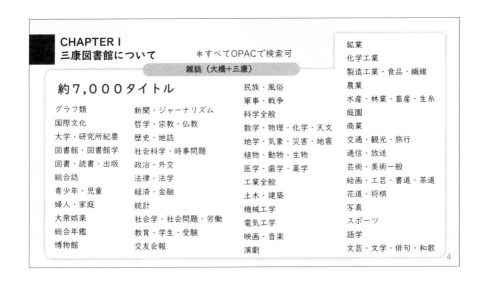

雑誌もいろんな分野の雑誌がたくさんあります。ちなみに三康図書館の利用者の約 8 割はこの雑誌を利用しに来館されます。ほかの図書館に比べて欠号が少ないことや国立国会図書館に 1 冊もない雑誌など充実していることも特徴です。

2. 引き継がれた閲覧禁止図書

引き継がれた閲覧禁止図書は旧大橋図書館の独自の呼称で「憲秩紊本（けんちつびんほん）」と呼ばれています。「紊」は，紊乱（びんらん）の「紊」で乱れるという意味です。旧大橋図書館が 1940 年 5 月に 778 冊，1943 年 9 月に 394 冊，2 回にわたって閲覧禁止図書の指定を行っています。これが基本的に「憲秩紊本」と呼ばれる図書のコレクションです。

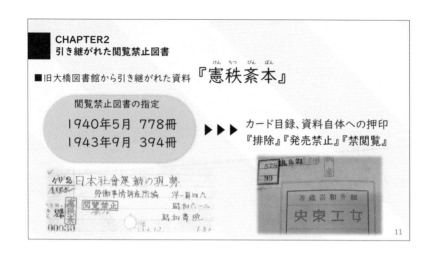

　このようにカード目録や資料に直接「排除」,「発売禁止」,「禁閲覧」の印が押してあります。しかし,「排除」と押してあるのに資料が残っています。つまり,形式的に除籍したことにして実物は隠し持っていたと推測がたつのではないかと思います。

　三康図書館の書庫の中の「憲秩紊本」の書架,──この書架の真ん中あたりまでが全部発禁本です。分野でいえば文学,政治,経済の図書なんですけど,こういうふうにひとまとめにされてるんです。つまり,三康図書館に運び入れられる段階ですでにこの発禁本がそれぞれの分野から取り除かれてひとまとめにされていたということです。当時,形式的に排除と印を押した図書,「憲秩紊本」を別置保管してカード目録ごと取り除いて,そういった資料は旧大橋図書館にはないと言い張って守り抜いたと説明しています。

10

閲覧禁止本の書架は、このような感じです。『マルクス全集』や社会主義・共産主義関係のものが多く、社会思想関係がメインです。中にはヘミングウェイの『武器よさらば』(天人社, 1930年) なども含まれています。来館者の中にピンク系の発

禁本とか見たいという方もいますが、三康図書館にはあまりない、ということになります。

CHAPTER2
引き継がれた閲覧禁止図書

■なぜ残ったか 旧大橋図書館職員 竹内善作による影響?

「戦時中、大橋図書館に憲兵がやってきて、発禁本の提出を強要したとき、竹内さんは、なんとかかんとかあしらって憲兵を追いかえし、あつい金庫のような扉のある書庫のなかへ一歩も入れさせなかった」

神崎清「竹内さんの笑い声」図書館評論7号, 1968年8月

推 測
カード目録と資料を別置保管し、検閲対象となる資料は存在しないと説明した
＝
その期間は、利用者も閲覧できない状態だった

14

なぜ、資料が残ったのかをもうちょっと詳しくご説明します。

旧大橋図書館の職員に竹内善作という方がいました。幸徳秋水の右腕で大逆事件の渦中にいた人物だといわれているんですけれども、神崎清さんという方

によれば、「戦時中、大橋図書館に憲兵がやってきて、発禁本の提出を強要したとき、竹内さんは、なんとかかんとかあしらって憲兵を追いかえし、あつい金庫のような扉のある書庫のなかへ一歩も入れさせなかった」と書かれています[1]。カード目録と資料自体に印鑑を押されて形式的に排除した期間は当然利用者が閲覧できない状態だったのではないか、それでも守り抜いて検閲が終わった後にちゃんと残せるようにしたかったんじゃないかといわれています。

昨年、旧大橋図書館設立120周年に合わせて三康図書館で講演会を行いました。「公共図書館の源流、大橋図書館」というタイトルで、奥泉和久氏に――図書館史などを専門にしている――講演いただきました。奥泉氏は、旧大橋図書館の図面の中に金庫室というのがあり、そこに置いたのではないかと推測してお話されていました。

　カード目録はこのような感じで、それぞれの分野にまぎれ込んでいるのではなくて、別になってるんです。閲覧禁止という見出しです。

　竹内善作の抵抗という点では、このような文章も残っています。

　「私立図書館の蔵書は、設備の如何を問はず自発的に警察へ差出す様にせよといふことが如何なものであらうか、尚ほ其上に、差出した上は焼棄せらるゝであらうなどゝ聞くと、後世に残すべき文献が消滅し、取返しがつかぬことになる」[2]。このような危惧を語っています。

12

旧大橋図書館から引き継がれた発禁本

```
CHAPTER2
引き継がれた閲覧禁止図書

■竹内善作の抵抗
「私立図書館の蔵書は、設備の如何を問はず自発的に警察へ差出す様にせよ
といふことが如何なるものであらうか、尚ほ其上に、差出した上は焼棄せらるゝ
であらうなどゝと聞くと、後世に残すべき文献が消滅し、取返しがつかぬことになる」
                    竹内善作「擂粉木の重箱掃除」図書館雑誌第37年7号(1943年7月)

竹内善作編『大橋図書館トピック29号』1939年11月発行
トマス・ハーディー(1840-1928)を紹介
著書、辞書項目、小説、論集、伝記に分けて目録として掲載
```

「4月に文部省が高等学校の副読本として使用することを禁じていた」
清水正三編『戦争と図書館』
1977年、白石書店

　『大橋図書館トピック』というニューズレターのような資料があり，なかには利用者から寄せられた投書欄もあってすごく面白い資料なのですが，29号（1939年11月発行）ではトマス・ハーディという作家を紹介されているんですね。トマス・ハーディは，この年に文部省が高等学校の副読本として使用することを禁じていました。あえて利用者向けにトマス・ハーディを紹介するというのはそこに意図があったのではないかと思います。この『大橋図書館トピック』を編集したのが竹内善作だったわけです。

```
CHAPTER2
引き継がれた閲覧禁止図書

■竹内善作退職後の動向
 1944年 3月      図書の疎開、合計252点（疎開図書目録より）
       8月23日  竹内善作 退職
       9月4日   没収図書の搬出
                内務省○○外二名（○○校閲官・○○嘱託）
                麹町署特高主任○○氏及び○○氏等来館。
                終日視察を遂げ不良書329冊検出す
 1945年 1月13日 第百部隊○○大尉に児童室の明渡を請求
       3月16日  図書の疎開
                「貴重図書疎開に関する用務を持って参事新潟県加茂町立図書館へ出張」
       4月10日  貴重書疎開の件は運搬の関係上一時実行不可能の旨申入る
```

13

ただ竹内善作が退職した後,実際に旧大橋図書館から図書が没収されているようです。1944年8月23日に竹内善作は退職しますが,9月になってすぐ没収図書の搬出という当時の記録が残っています。坪谷善四郎著『大橋図書館四十年史』(博文館,1942年)を復刻したとき,当時の三康図書館の職員が四十年史の対象になっていなかった時代の出来事を年表にまとめ直して『復刻版大橋図書館四十年史』(博文館新社,2006年)の別冊付録としました。

それを読むとこんなふうに載っています。当時の人名が丸字で伏字になってるんですけど,このような形で没収図書があって特高の人たちが図書館に訪れていた記録を全部年表形式に書き起こしているので,四十年史の別冊付録を見ていただければと思います。

3. 検閲の痕跡が残る雑誌

今まで紹介してきた「憲秩紊本」は図書ですが,三康図書館に引き継がれている資料の中には雑誌があります。

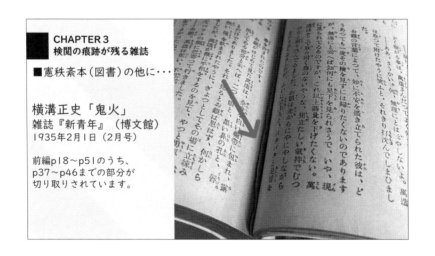

雑誌にも検閲の痕跡が残っていて,この矢印のところですけれどスパッときれいに切り取られています。こちらは博文館刊行の『新青年』という雑誌です。

探偵小説などで有名な雑誌ですけど，横溝正史の「鬼火」という小説が切り取られています。この雑誌『新青年』16 巻 2 号（1935 年 2 月）の 37 ページから 46 ページまでの部分を切り取らないと頒布販売してはいけないという命令が下っています。

CHAPTER 3
検閲の痕跡が残る雑誌

雑誌『新青年』（博文館） 1935年3月1日（3月号）

編集だより
「二月号が発売以前その筋の命令によつて削除を行ひ、
　　　　　　　　　愛読者諸君には大分ご迷惑をかけた。」

検閲対象となった理由

男女の痴情関係の描写とされているが、削除範囲が広範囲に及ぶことから、別の理由も一定の蓋然性があったことを指摘されている

井川理「「共同制作」としてのテクスト　横溝正史『鬼火』における検閲・挿絵・改稿の問題
https://repository.dl.itc.u-tokyo.ac.jp/records/2004105

19

『新青年』1935 年 2 月号「鬼火」の前編が切り取られて，3 月号に後編が載るんです。前編を読者は読めなかったので，3 月号に前編の梗概という形で要約が載ったりするんです。その巻末の編集だよりに「二月号が発売以前その筋の命令によつて削除を行ひ，愛読者諸君には大分ご迷惑をかけた」というお詫びがあります。

　いろいろ取材を受けたことがありますが，あえて隠さずに出版社として明記するのはかっこいいねという記者の方がいました。当時出版社としても一部が読めない小説を掲載するのは逆に読書欲をそそらせたんじゃないか，広報戦略的にも逆手にとってあえてお詫びを出したんじゃないか，と指摘している研究者がいると聞いたことがあります。

　検閲の理由として男女の痴情関係の描写が指摘されるんですけど，かなり広範囲に削除の対象になっているので，表向きは男女の関係を生々しく描写した

15

からだといっておきながら別の理由も一定の蓋然性があったんじゃないかと井川理氏は指摘しています[3]。共産党の活動や何か会合のような描写も削除範囲に含めているので，実はそちらが狙いだったんじゃないかと指摘しています。

CHAPTER 3
検閲の痕跡が残る雑誌

武田麟太郎「暴力」
雑誌『文藝春秋』（文藝春秋社）
1929年6月

掲載予定だったところ、削除命令を受け、
7月号には弁明が掲載された。

幻ともいわれた「暴力」だが近年刊行された、
武田麟太郎『蔓延する東京-都市底辺作品集』
（2021年,共和国）に無削除版『文藝春秋』を元
にした「暴力」が掲載され読むことができる。

　武田麟太郎というプロレタリア文学作家の「暴力」という短篇が幻の作品といわれていました。『文藝春秋』7年6号（1929年6月）に掲載予定だったんですけど削除命令を受けて，その翌月の号にはやっぱり同じように弁明が載ったんです。目次には「暴力　武田麟太郎」と載ってるんですが本文にない削除された『文藝春秋』が一般的に流通してるんですけど，三康図書館所蔵の『文藝春秋』は，写真にあるとおり冒頭の2ページ分だけ切り取られているので，無削除版の『文藝春秋』だったと思います。さきほどの「鬼火」と比べると切り取られ方が雑なんですよね。誰がどんな理由で切り取ったかよくわからないですね。ただ他の部分は全部読めるので貴重です。無削除版の『文藝春秋』を共和国という出版社の社長が手に入れて2021年に出版された『武田麟太郎　蔓延する東京・都市底辺作品集』に「暴力」が掲載されましたので今では読むことができます。

4. 資料展示の取り組み

　最後に,引き継がれた発禁本をどう使っているかをご紹介したいと思います。

　三康図書館は来館者が 10 倍に伸びています。中でも 2022 年に行った「発禁本と閲覧禁止本」という展示の来場者だけで 200 人,座席の利用者や書庫見学者含めたら 300 人ぐらいの人が開催期間に来館いただきびっくりしました。

　2022 年は三康図書館が資料展示をたくさんやるようになった年で,4 月,5 月,6 月,7 月とできるだけ人の目を引くような錦絵や木版画などをたくさん展示し続けてきて,8 月になってこんなおどろおどろしいチラシと企画でちょっと心配してたんですけど,実は多くの方にお越しいただけた企画でした。

　来館者の人に「そんなに見たいものですか」と聞いたところ「見ちゃいけないっていわれると見たくなるよね」って。図書館員の視点では,いかに貴重性があるかとか資料価値があるか,というふうに堅く考えてしまいがちですが,フランクな理由で見に来てくれる人がたくさんいることは盲点でした。展示を見るだけでなく,書庫も見たいという方や,じっくり見たいと閲覧室で資料閲

覧もしてくれる人も多くいました。

　東京新聞にも大きく取り上げられたのは大きかったです[4]。
　9月になっても発禁本を見たい人が途切れず，書庫の一部を写真のように展示の再現をしたコーナーを設けました。書庫見学はとても人気で，年間で300

名を超えるぐらいたくさんの方が来ています。団体よりもおひとりで書庫見学を希望する方が圧倒的多数です。

　三康図書館は，発禁本もそうですが貴重な資料も全部直接手にとって触れることができる図書館です。博物館みたいな図書館だね，とよく言われるんですが，とにかく資料を利用してもらうことが最終的に資料の保存にもつながると考えていますので，その点は利用者にとても喜ばれるところですね。
　今では当たり前のように読める「蟹工船」や「女工哀史」も，今の本を手にとるだけでは当時は読めなかったということがわからないこともあるかと思い

ます。三康図書館所蔵の資料を直接見て，「排除」の印鑑が押されていたり，切り取られている場所を直接見てもらうことによって，初めて歴史に何があったのかわかるという点を三康図書館として大切にしたいと思います。

　発禁本の資料もうまく使って来館者は 10 倍にも増えてます。今日，お話を聞いていただいた皆さんも，ぜひ東京に来たときに三康図書館に来ていただきたいと思います。見学は無料です。お気軽にご来館ください。

　「旧大橋図書館から引き継がれた発禁本」ということでお話しさせていただきました。ありがとうございました。

注
1)　神崎清「竹内さんの笑い声」『図書館評論』7 号　p.1-3　1968
2)　竹内善作「擂粉木の重箱掃除」『図書館雑誌』第 37 年 7 号　p.471-473　1943
3)　井川理「『共同製作』としてのテクスト：横溝正史『鬼火』における検閲・挿絵・改稿の問題」『言語態』18　p.149-170　2019　https://repository.dl.itc.u-tokyo.ac.jp/records/2004105（参照　2024.4.26）
4)　「つなぐ戦後 77 年『発禁本』語る弾圧の歴史」『東京新聞』2022 年 8 月 27 日付朝刊 28 面

戦時下における県中央図書館と地方中央図書館
―― 旧上伊那図書館の資料から

濱　慎一（伊那市教育委員会）

はじめに

　長野県の伊那市教育委員会からまいりました濱と申します。どうぞよろしくお願いします。

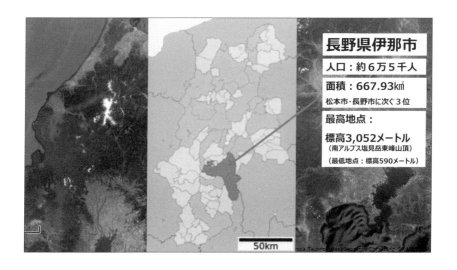

　私が勤務する「伊那市創造館（旧上伊那図書館）」を知っていますか，と手を挙げてもらおうと思ったんですが，まずだいたい伊那市ってどこにあるんだって人も多いと思いますので，まず伊那市の場所からお伝えしたいと思います。伊那市は長野県のほぼ中央にある諏訪湖より少し下，伊那谷の北側半分，上伊那地域に位置しています。

　伊那市で有名なものとして天下第一の桜と称される高遠城址公園の桜があります。1,500本の県指定の天然記念物のタカトオコヒガンザクラが咲き春はとてもきれいです。伊那市の面積の半分以上が山で人は住めませんが，山岳観光で賑わっています。

　3,000m級の南アルプスと中央アルプスに囲まれて，その中央に天竜川が流れていて，昭和の古い看板建築の町並みがそのまま残っているような町です。

戦時下における県中央図書館と地方中央図書館——旧上伊那図書館の資料から

　そんな町の中心に旧上伊那図書館，現在の伊那市創造館があります。2004（平成16）年に，上伊那教育会から伊那市に移管された後，市指定の有形文化財になっています。旧上伊那図書館は，台湾総督府や国重要文化財「片倉館」を手掛けた森山松之助が初期設計を，長野県鉄筋コンクリート建築開祖である黒田好造が最終設計を行い，1930（昭和5）年12月に開館しました。建物正面には半円形に張り出す出窓，外壁にはスクラッチタイルが装飾された昭和モダン建築は70年余りにわたり，この地域の文化の中心地として愛されました。

昭和の図書館
（上伊那図書館歴史資料室）

現在，昔の図書館の建物を活かし，中は博物館となっていて国指定の重要文化財の土器や石器を展示し，図書館だった頃の書庫をそのまま残し，「昭和の図書館」として上伊那図書館の歴史を見られる場所となっています。

　私はこの伊那市創造館で学芸員を12年ぐらいやっていますが，専門は考古学で，地面を掘ったり土器くっつけたりする方なので，今日は図書館を専門とするみなさんからいろいろ教えていただきたいと思っています。

1．上伊那図書館の歴史

上伊那図書館開館前にあった地方の図書館
『上伊那図書館三十年史』より

普通の農村の例
富県図書館　大正4年　御大典記念として富県村に作られた。
　　　　　　本棚1個、青年向けの本。

地方の中心部の例
伊那町図書館　明治35年、町内各地区・小学校職員から寄付金を募集。
　　　　　　当時とすればやや大きい図書館ができた！
　　　　　　その蔵書数　全433冊・・・。

明治30年代頃から各町村で同様の図書館が作られるようになるが、
蔵書数は少なく、利用者も少なく、次第に衰退していったものが多かった。

当時上伊那地域にあった一般的な農村では，図書館といっても本棚が1個あるようなものであったり，上伊那の中心にあった伊那町の図書館，1902（明治35）年にできたものですが，それでも蔵書数が433冊という貧相な図書館しかなかったりした，そういう時代です。

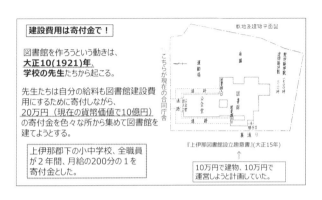

そのような中，1920（大正10）年に，社会教育の振興のためにしっかりとした図書館をつくろうという動きが，学校の先生たちの集まりである上伊那教育会から起こり，先生たち自らの給料も寄付しながら，現在の貨幣価値で10億円を集めようとしていました。先生たちは給料の200分の1を2年間ずっと貯め続けていたようです。

ぜんぜんお金が貯まらず，10年ぐらい図書館を建てられませんでしたが，そんなときに助けてくれたのが上伊那郡辰野町出身の実業家，製糸業で成功した武井覚太郎氏です。武井氏が当時の金額で14万円，現在の貨幣価値にして7億円を資産の中から寄付してくれて建ったという図書館です。さらに，当時は本の値段が高価で，図書館に入れる本も揃えることができなかったので，先生たちは武井さんに頼んで現在の貨幣価値にして5000万円分，3,000冊の蔵書も寄付してもらいました。

このように，実業家の武井氏からの寄付が有名となっていますが，実はほかにもいろんな人が寄付してくれています。古今書院の創業者，橋本福松さんは現伊那市の西春近出身の人で，多額の寄付金と書籍を寄付してくれました。岩波書店の創業者，岩波茂雄さんは長野県諏訪の出身の方なので，山を隔てた隣町で縁を感じてか，やはりたくさんの寄付をしてくれました。

先生たちの給料から出した寄付金も，現在の貨幣価値で2500万円ほども貯まっていました。上伊那教育会が集めた寄付金全額は，結局，目標の現在の貨幣価値での10億円は集まらなかったのですが，2億5000万円を集めて資金としていたということが記録からわかりました。けっこう先生たちもがんばって寄付金を集めていたんですね。

1930（昭和5）年に「壮麗完備天下に誇る」という上伊那図書館が完成しました。財団法人が運営する私立図書館ですが，当時としては県立長野図書館に次ぐ立派な規模の図書館となりました。これは完成式の様子ですね。3階の講堂に400人ぐらい入って，県知事さんも招いて盛大に開館式が行われました。

● 昭和4（1929）年「**県立長野図書館**」ができる

蔵書数 約3万冊で開館。
信濃教育会の提唱。
長野県にやっとできた待望の図書館。

**後に
長野県の
中央図書館となる。**

● 昭和5（1930）年「**上伊那図書館**」ができる

蔵書数 約3千冊で開館。
財団法人上伊那教育会が設立した
私立図書館。

上伊那中から子ども達が遠足で訪れ、屋上から景色を楽しみました。

　1929（昭和4）年に県立長野図書館がやっとできています。この図書館は長野県の教員の集まりである信濃教育会が，県に働きかけ設立したものです。後に長野県の中央図書館となる図書館です。
　その1年後に上伊那図書館が開館しているということになります。

 開館が 1930（昭和 5）年ですので，すぐに上伊那図書館は戦争に巻き込まれることになります。1931（昭和 6）年に満州事変，1941（昭和 16）年に太平洋戦争が始まります。1934（昭和 9）年からは毎年，図書館でこのように徴兵検査が行われて記念撮影が行われています。その後戦況が悪化すると，尾張徳川家の美術品（現在，徳川美術館に収蔵されている）や一橋大学の所蔵図書が，この図書館に疎開してきました。また終戦の年，1945（昭和 20）年 4 月からはミシンが 120 台運び込まれ，女子学生が働く海軍の軍服の工場になります。そのため館内閲覧はできなくなりますが，ただその時期も館外貸出だけは行っていて図書館の役割を全うしていました。

 1945（昭和 20）年 8 月，日本の敗北で戦争が終わり，その後アメリカの進駐軍が上伊那図書館を基地として上伊那一帯の武装を解いていきます。その間の 3 か月間だけは，館外貸出もできず，図書館としてはまったく機能できなかったということです。

昭和20(1945)年8月15日 戦争終結 日本の敗北
昭和20(1945)年10月20日 上伊那図書館に進駐軍がくる 占領政策・武装解除

伊那市にも飛来したB29の飛行機雲

信濃毎日新聞 昭和20年10月6日

昭和20(1945)年10月20日
　　　　上伊那図書館に進駐軍がくる
　　　　　占領政策・武装解除

この間、約3か月間
図書館として機能できず

昭和21(1946)年1月26日
　　　進駐軍、上伊那図書館を去る

Jan.26 1945
Ina Japan
Jack

【書架への落書き】
進駐軍が滞在した
という、今に残る証し

　当時のこんな本棚が残されていて、「Jan.26 1945 Ina Japan Jack」(ママ)と書かれています。進駐軍が去っていく日に本棚に落書きをしていった、この図書館に進駐軍が滞在したという証が残っています。

30

2. 旧上伊那図書館に残された資料

大正12年の開館前から平成16年の閉館までの文書類が残っています。

　上伊那図書館には、開館前の 1923（大正 12）年から最終的に閉館になる 2004（平成 16）年までの文書類が残っています。ばらばらの書類に表紙をつけて、綴じ紐で綴じている文書類です。

各学校からの寄付金が記録された帳簿

1923（大正12）年のものとしては，寄付金をこのように計算してまとめた帳簿や，開館前の1928（昭和3）年に寄付金を依頼した人の名簿，開館後に購入した図書の目録などがあります。

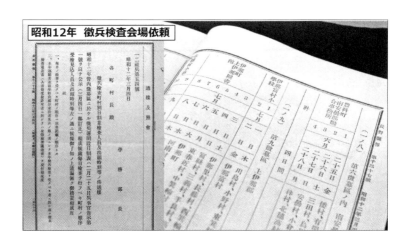

　戦争関係の資料として，徴兵検査の会場依頼が県の学務部長から来ています。6日間も図書館で近隣の村や町の成人になる人が徴兵検査を受けていたということがわかります。

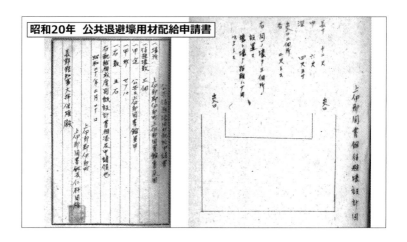

1945（昭和20）年，戦争が激しくなってくると，防空壕の材料の配給申請が出てきます。防空壕を3つつくるので，セッパ[1]，おそらく製材後の余った木材ですね，それを5石（1.4㎥）欲しいという配給申請です。長さ3.6m，幅1.8mの防空壕3つの穴に天井をつくるには，これだけの木材が必要だったということでしょう。最終的に，上伊那図書館の周りには，図書館用以外にも，地区や海軍工場の女子学生のために，合計10個の防空壕がつくられました。

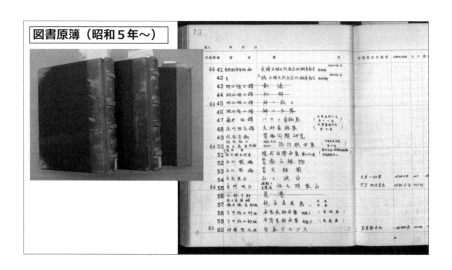

図書原簿は1930（昭和5）年から残っていて，購入した図書の出版社や出版年が書かれています。また，除籍した図書を赤線で消し，除籍年月日が記されています。

3. 発禁出版物に関する資料

発禁出版物に関する資料として数種類の文書が残っています。

「発禁出版物に関する文書」

上伊那図書館に残された文書の中には、発禁出版物に関する文書が何種類か見られます。

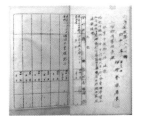  

「発禁出版物の件　通報」

「発禁出版物通報ノ件」の通知が、
昭和8年8月8日から
昭和10年12月7日まで

3年間で、41点（57冊分）残っています。

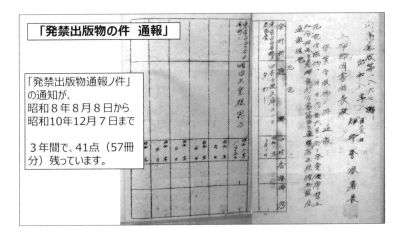

　まず，伊那警察署長から上伊那図書館長あての「発禁出版物の件　通報」が，1933（昭和8）年8月8日から1935（昭和10）年12月7日までの3年間で41点，57冊分の書類が残っています。中身を見ますと国が発禁処分とした出版物を通知する文書で，本の名前を書く欄があり，これらの本があれば通報するようにと前文に書かれています。全部で7冊通報できる，前文もついた丁寧な通報になっているんですが，この形の通報は3通しか出ていません。

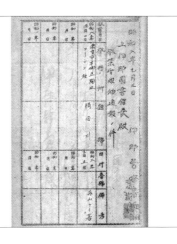

　その後どうなったかというと，1か月も経たないうちに Ver.2 が出てきます。それがこれです。ちょっと簡単な様式になったんですが，用紙のサイズが半分になって，前文が省略されていて4冊しか通報できないものです。まあこれくらいで十分だと伊那警察署がわかったということだと思います。この用紙がずっと使い続けられて，文書の中に38通残っています。

　そのほかに発禁出版物の差押え「証明書」が残っています。発禁となった出版物を警察に提出すると証明書が発行されたようで，1933（昭和8）年10月4

日の3通，12月8日の1通，1935（昭和10）年4月11日の1通，計5通入っています。証明書が5通しかないということですけれど，後に出てきますが，図書原簿を見ると，実際にはもっと多くの本が警察に提出されていたことがわかります。

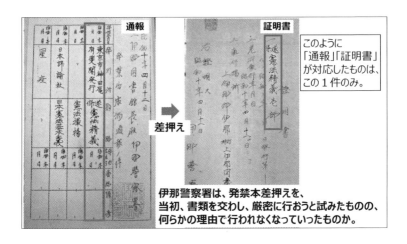

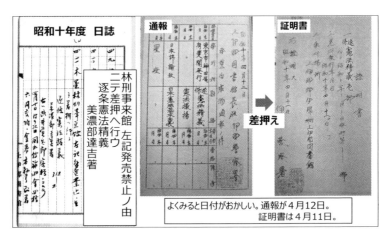

警察署がまず発禁となった本を通報し，図書館職員がそれを見て本を署に提出，すると証明書が発行される，伊那警察署は当初このような手順で，書類を

交わして厳密に発禁本の差押えを行おうとしたものと考えられます。しかし，1935（昭和10）年までしか「通報」，「証明書」の書類はありませんので，何らかの理由で行われなくなっていったものと思われます。

ただ，これら「通報」と「証明書」の両方に書名がある本は，1935（昭和10）年の美濃部達吉著『逐条憲法精義』1冊のみです。しかも，これもよく見ると「通報」が4月12日で，「証明書」は4月11日となっています。この日の日誌を見てみると，「4月11日木曜日　林刑事が来館して逐条憲法精義，美濃部達吉著を発売禁止の由にて差し押さえる」とあり，その場で差押えの「証明書」が出されたのでしょう。発禁本の通報の方が後に来ていますので，最初に考えた手順通りにうまく書類が交わせていなかったと考えられます。

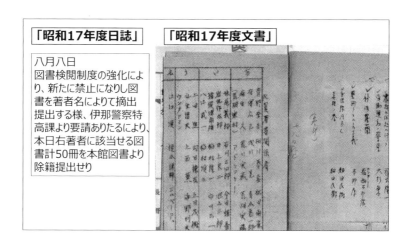

上で見たように，日誌にも12日分の差押え関連の記録が見られます。1942（昭和17）年8月8日には「図書検閲制度の強化により，新たに禁止になりし図書を著者名によりて摘出提出する様」にと伊那警察特高課から要請があり，このときに50冊も提出したと日誌にあります。その年の文書を見てみますと，中に「左翼著書関係者」として，あいうえお順に著者名が書かれたリストがあります。このリストによって図書館にある本を探して警察に提出したということがわかります。

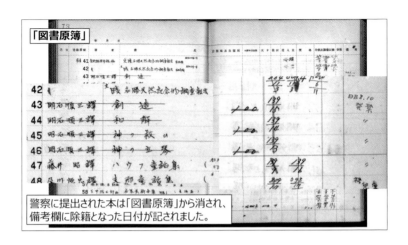

警察に提出された本は「図書原簿」から消され、備考欄に除籍となった日付が記されました。

　最後に図書原簿からも発禁本の動きがわかります。このように発禁本になったものを斜線で赤く消されていて、備考欄に「昭8.10　発禁」と書かれています。

削除年月日別冊数			
年	月日		
昭和8年	10月3日	3冊	昭和8 (1933) 年図書の没収始まる。上伊那図書館には、伊那警察署より「発禁出版物通報ノ件」が来るようになる。没収された図書には、没収の「証明書」が伊那警察署から出された。（昭和10年まで。）
昭和8年	10月5日	1冊	
昭和10年	4月11日	1冊	昭和10 (1935) 年天皇機関説事件 (4月) が起きる。美濃部達吉の著書が発禁となる。
昭和10年	12月11日	2冊	
昭和11年	3月10日	1冊	昭和15 (1940) 年7月、内務省、左翼的出版物約130点を発禁に。
昭和11年	5月10日	1冊	
昭和15年	7月10日	13冊	昭和16 (1941) 年3月、内務省検閲課、左翼的出版物682点を発禁に。
昭和16年	4月6日	32冊	
昭和16年	7月?日	2冊	昭和17 (1942) 年図書館検閲制度の強化。著者名により禁止図書を摘出、提出するように求められる。
昭和16年	8月?日	2冊	
昭和17年	8月7日	36冊	
昭和19年	8月27日	12冊	昭和19 (1944) 年8月、全国的に『日本地理風俗体系』が没収となる。
	計106冊		

　図書原簿から削除された本を数えると、発禁本として合計106冊の本が上伊那図書館から消えたことになっています。

> 「日誌」昭和8年度
> 10月3日 伊那警察署林恵氏来館 発売禁止図書調査の結果 神の救ひ・和解・創造 何れも赤石順三訳の3部該当せしを以て「法規上同署に保管」すべく要求せしを以て同氏に渡す
> 10月5日 伊那警察署林恵氏来館「神の竪琴」発表禁止の旨通知あり。
> 1月17日 林巡査来館 発売禁止図書調査の結果 該当書なし。
>
> 昭和19年度
> 8月24日 伊那警察署 特高主任清水警部補 及 特高情報係梅田巡査来館 日本地理風俗体系 防諜上公開禁止につき全冊提供せられたき旨 通達ありたり。
> 8月26日 伊那警察署員2名来館 図書検査を行う。
> 8月28日 荒井区受持巡査岩崎氏来館、公開禁止の日本地理風俗体系全30冊 伊那署へ持参方依頼して帰る。
> 日本地理風俗大系30冊 伊那警察署へ供出。

　しかし，除籍後に戻ってきた本もあります。1944（昭和19）年8月28日の日誌に「日本地理風俗大系30冊伊奈警察署へ供出」とあります。この本だけは終戦近くに提出したので警察署に残っていたからなのか，戦後，図書館に返ってきています。この貴重な本は，創造館で閲覧できるようにしております。

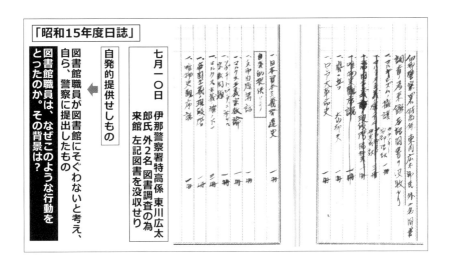

　1940（昭和15）年度7月10日の日誌には，伊那警察署特高係より2名調査

官が来て左記図書を没収せり,と没収していった本が記されています。それに続き,「自発的提供せしもの」と記述があり,6冊の本の名前が書かれています。これはつまり,図書館職員が図書館にそぐわないと考えて自ら警察に提出した書籍があったということになります。警察がこの本を出せって言っていないのに自ら提出しちゃってるんですね。

　図書館職員がなぜこのような行動をとったのか,その背景を中央図書館と地方中央図書館の動きから見ていきたいと思います。

4. 日誌・文書から見える中央図書館と地方中央図書館

　旧上伊那図書館の資料には,戦中の15年分の文書も日誌も残っているんですが,断片的にしか中央図書館と地方中央図書館の動きは残っておりません。しかし,その断片的な資料から「日誌・文書に見る県立長野図書館の動き」をまとめてみました。

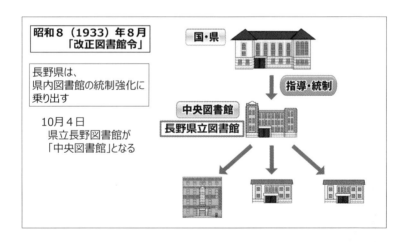

　まず,1933(昭和8)年8月に改正図書館令が施行され,そこで長野県が県内図書館の統制強化に乗り出したということが研究からわかってきています。その年の10月4日に県の中央図書館として県立長野図書館が指定されるわけです。

昭和8年度	10月26日	《日》県立長野図書館長 乙部泉三郎・県社会課 山際三郎 両氏来館
	3月 ○日	【文】改正図書館令発布され、中央図書館としての最初の通知
		・『農村図書館経営の手引き』の進呈・図書館の基本的調査の取り調べのお願い
昭和9年度	11月 5日	長野県 図書館協議会 開催
昭和10年度	4月15日	【文】・北信五県図書館連合会第二回総会の通知
	5月30日	《日》乙部長野図書館長来館 小学校より数名出席して製本講習を行う。
【文】…文書より	6月 4日	【文】・6月17日、図書事業研究会開催の通知
《日》…日誌より	7月17日	《日》伊藤主事 図書分類の件につき長野図書館へ出張。
	9月28日	【文】・日本図書館協会主催、文部省後援の図書館週間開催の実施
	10月26日	【文】・北信五県図書館連合会第二回総会の議題提出のお願い
	11月11日	【文】・11月20日北信五県図書館総会における議題の通知（議題、出席者付き）
	11月20日	《日》本日より2日間 北信5県図書館協会を長野図書館に開く、伊藤主事出席

1年に1回 ・「長野県 図書館協議会」・「北信五県 図書館連合会」を開催。
その他随時、県立長野図書館・県学務部による研修会・講習が開催されるようになった。

　このスライドが上伊那図書館の文書と日誌に見られる県立長野図書館の動きです。1933（昭和8）年10月に一度，上伊那図書館に県立長野図書館長と県社会課の職員が来館します。この年はほかに動きはないんですが，1934（昭和9）年度には初めて長野県図書館協議会が開催され，1935（昭和10）年度には講習会が開催されたといった記録が文書に残っています。長野県図書館協議会，北信五県図書館連合会が年に1回，そのほかに県立長野図書館や県の学務部による講習会が頻繁に開催されるようになっていきます。

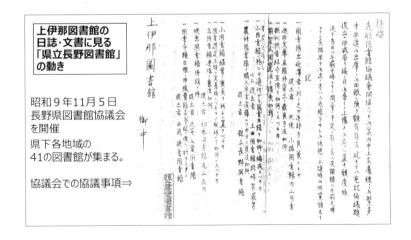

これが1934（昭和9）年の図書館協議会の開催通知で，そこに協議事項が載っているのですが，ほんとうに当たり障りのないこと，図書の延滞している人に返却させるにはどんな策がいいか，農村図書館が買うべき図書の選択によい方法はあるかなど，今の図書館の会議でもあるような内容が議題に上がっています。

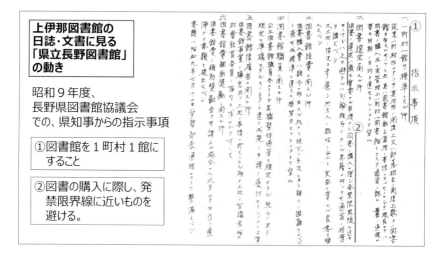

　初めて開催された図書館協議会の際には，県知事からの指示事項が6項目示されました。まず第一に，各町村内にある複数の図書館を図書の購入や管理上から，1町村1館にまとめることとの指示事項があります。これは戦時中の新聞社と同様に，国が統制しやすいように1館にまとめさせたと考えられます。指示事項の二つ目として，図書の購入に際して発禁限界線に近いものを避けろ，発禁本になっていないけれども，自分たちで考えてそれに近いような本は買わないようにしろという指示が出ています。図書館運営に関して初めての協議会から，かなり具体的な指示が出ていたことがわかります。

　1936（昭和11）年度の日誌を見てみます。だいたい上伊那図書館の日誌ってこんな感じですね。曜日の下に天気を書くようになっているんですが，天気も書いてなかったり，何も書いてなかったり。

「昭和11年度日誌」

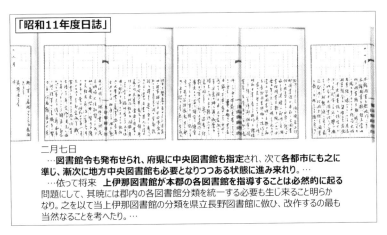

「昭和11年度日誌」

二月七日
…図書館令も発布せられ、府県に中央図書館も指定され、次て各都市にも之に準じ、漸次に地方中央図書館も必要となりつつある状態に進み来れり。…
…依って将来 上伊那図書館が本郡の各図書館を指導することは必然的に起る問題にして、其暁には郡内の各図書館分類を統一する必要も生じ来ること明らかなり。之を以て当上伊那図書館の分類を県立長野図書館に倣ひ、改作するの最も当然なることを考へたり。…

　そうかと思えば，1936（昭和11）年度の2月7日の日誌には，急に気合いを入れて5ページほども書いてあります。何が書いてあるかというと，改正図書館令が出され，各府県に中央図書館が指定された，次に，各都市にもこれに準じて地方中央図書館が必要となりつつある，そのため，将来的には上伊那図書館が上伊那郡の各図書館を指導していかなければならないだろう，とあります。このように上伊那図書館の職員は思ったわけですね。

43

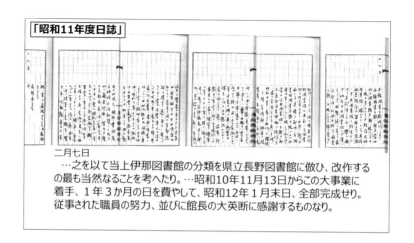

「昭和11年度日誌」

二月七日
…之を以て当上伊那図書館の分類を県立長野図書館に倣ひ、改作するの最も当然なることを考へたり。…昭和10年11月13日からこの大事業に着手、1年3か月の日を費やして、昭和12年1月末日、全部完成せり。従事された職員の努力、並びに館長の大英断に感謝するものなり。

　そして具体的にどうするかというと、上伊那図書館の本の分類を県立長野図書館にならって直すという作業を1935（昭和10）年の11月13日から始めて、1年3か月後の1937（昭和12）年1月末日に全部完成させました。職員の努力や館長の大英断に感謝する、というように結んでいます。これ以前の記録を見てみると、1935（昭和10）年の7月17日に伊藤主事が図書館の分類の件について長野図書館に出張してるのです。この日誌に書いてある図書分類の作業を始めるために出張していろいろ聞いてきている、そういった努力があってやっと完成したと1937（昭和12）年の2月7日の日誌に長々と書いたわけですね。
　これは1933（昭和8）年の改正図書館令から2年の間に、上伊那図書館が上伊那の地方中央図書館にならなければならないと決意させる何かがこの間にあったということになります。そういったことがこれから見る資料からも見てとれると考えます。
　1939（昭和14）年度の文書の中に、県立長野図書館から図書館事業研究会を開催するという通知が来ています。この通知に上伊那図書館を中心として、出席させたい最寄りの図書館を協議会に多数集めてください、ということも書かれています。

44

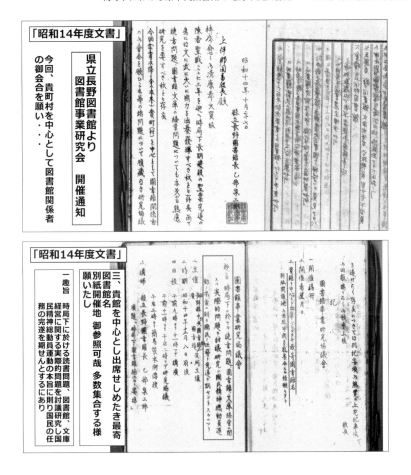

　このときの協議の内容は，「時局下に於ける読書問題，図書館，文庫経営に関する実際的問題」を研究していこうと，そして「国民の任務の完遂を期せんとするにあり」と1934（昭和9）年と違ってものものしい内容になってきています。
　県内各地で行われるこの事業研究協議会の上伊那での開催予定地として上伊那図書館が選ばれています。おそらくこの開催予定地として名の挙がっている図書館が，長野県内の各郡で「地方中央図書館」として機能した図書館であろうとわかります。1か月以上かけて北信，南信，中信，東信を回っていくという長期間かけての協議会となっています。

「昭和14年度文書」

図書館事業研究協議会　開催地予定

圖書館事業研究協議會開催地豫定

1か月以上かけて、北信→南信→中信→東信を回る

ここに名が挙がっている図書館が長野県の「地方中央図書館」

・郡市単位の図書館協会結成
・図書館未設置の市町村あるいは青年団に紀元二千六百年を記念して図書館を設置するようにすすめる
など要望も提出された

県下 21か所で開催され

「昭和14年度文書」

本館を中心として出席せしめたき最寄り図書館名左記の通り

上伊那図書館周辺の上伊那地区だけで30か所の図書館・文庫をあげている

中央図書館⇒地方中央図書館⇒地方図書館・文庫

個々の図書館が孤立することなく機能を十分に発揮させようとした中央図書館制度の成果

　これは県立長野図書館に報告した，上伊那郡内における，上伊那図書館を中心として事業研究協議会に出席させたいとして挙げられた図書館ですが，30館あります。ここにきて県中央図書館⇒地方中央図書館⇒地方図書館・文庫という一連の指導の流れが完成したと考えられます。個々の図書館を統制下に置き，それぞれが孤立することなく機能を十分に発揮させようとした，中央図書館制度の成果がここに表れたということになるかと思います。

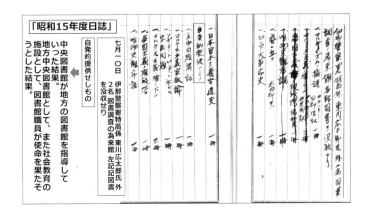

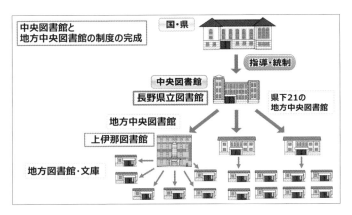

　そこで 1940 (昭和 15) 年度 7 月 10 日の日誌に戻ってみます。なぜこの日，上伊那図書館の職員は警察に「自発的に図書を提供した」のでしょうか。県の中央図書館である県立長野図書館の指導により，上伊那図書館の図書館職員が，地方中央図書館としての使命，また社会教育の施設としての使命を果たそうとした結果が，「自発的に図書を提供した」ということにつながっていったのだと思います。

　中央図書館と地方中央図書館制度の完成ということで，長野県の場合，中央図書館の下に 21 の地方中央図書館があったわけです。そして，それぞれの地方では，地方中央図書館が地方図書館・文庫を指導，統制していくことになっ

47

たわけです。

おわりに

　このように上伊那図書館の断片的な資料から考えていったわけですが，推測にあたるところも多分にあります。長野県内には県立長野図書館に『出版物差押通知接受簿』・『発禁図書名』[2]，上田市図書館に『日誌』が残り[3]，戦時中の図書館の動きを知る資料となっています。また，他県にも当時の資料が残っている図書館があると聞いています。こういった資料のさらなる分析や，他の館に残る資料もあわせての研究が必要です。今後，各分野の専門家や機関と協力しながら研究を進めていければと考えています。

注
1）　長野県の諏訪，上伊那郡などで用いられる言葉であり，「製材くず」のこと。下伊那郡では「せっぱっくず（―屑）」とも用いられる。（『小学館日本国語大辞典』第 2 版　第 7 巻　小学館　2001　p.1407「切端」）
2）　「信州デジタルコモンズ」https://www.ro-da.jp/shinshu-dcommons/　（参照 2024.4.26）
3）　小黒浩司「戦前期図書館統制の研究：上田市図書館『日誌』を読む」『図書館界』61 巻 3 号　p.174-184　2009

戦時下の図書館での思想統制
―― 検閲の事例と「図書館の自由」への道

荒木英夫（元・気仙沼市立図書館長，元・図書館の自由に関する調査委員会委員）

はじめに

荒木です。

39年間図書館で勤めまして幸福だったと思います。その間に「中小レポート」（『中小都市における公共図書館の運営』）にも関係し，図書館の自由委員会では森耕一委員長さん，戦時中は治安維持法違反で「国営アパート」で暮らしたと自称される浪江虔（けん）さん，関西から酒井忠志さん，そういう方と一緒に「図書館の自由に関する宣言」の副文制定に加わりましてよかったと思います。少し遅れて入った方で徳島県で図書館活動をやっていました棚橋満雄さんは戦時中に関東州の大連の中学校で一緒におりましたが，あとでも話しますように戦時中の中学校は自由に本が読めなかった。今になってそこから2人も自由委員会委員が出たのは面白いことです。

講演中の荒木英夫氏

1. 大連市での小学生時代の図書館

　日露戦争の結果，関東州と南満洲鉄道を日本が経営することになり，南満洲鉄道株式会社（略して満鉄）が産業，土木，文化，教育，衛生などの経営を任されていました。満鉄は，図書館活動も汽車で配本するというようなこともやっていたし，小学校の図書室の充実にも力を入れていたようです。しかし，満洲事変で軍部が満洲国を建国すると，多くの権限を満洲国に移しました。

　私の行きました大連の小学校は市内でも設備がよい学校で，2階に大きな図書室がありましたが3年生のとき皆で先生に見せてくださいといったら2時間だけ見せられました。小学3年生の記憶ですが，興文社の『小学生全集』，アルスの『児童文庫』，少し前にまた評判になった「君たちはどう生きるか」が出ている新潮社の『日本少国民文庫』，それに作文の全集などありました。以後6年間小学校にいて図書室を利用したのはその2時間しかなく，後はいつも鍵が掛かっていました。

　考えてみると，1934（昭和9）年に日本の国定教科書が改正になり，5年生の教科書の中に初めて図書館が扱われます。星のことが知りたいので図書館に行ってカードを引いたり，係の方から教えてもらって参考書を読む。1年上の6年生の教科書では採った蝶を調べるために博物館に行く話が出てくる。だから文部省も学校だけでなくて図書館とか博物館とか施設を使って自習をすることを考え出したのだろうと思いますけれども，あまり実行されなかったようです。

　当時出版物を検閲するのは文部省ではなくて，今はない内務省の警保局図書課がやっていましたが，1938（昭和13）年に「児童読物改善ニ関スル指示要綱」というものが出ます。これはもともと赤本という下品なマンガ本が出ていて，これまでは玩具扱いで検閲していなかったのですが，それが教育的でなく，例えば戦争で生首が飛んだりする絵があって，残酷な内容が多く，それを少し規制しようということだったのでしょう。軍部の方では国際情勢がおかしくなってきて，いずれは大戦争が始まるだろう，そのときはあらゆるものは全部戦争に協力しなければならない，総力戦ということが考えられて——その中心が東

条英機たちですが——そうしますと子どもといえども少国民なんていわれ将来
は大人になりますから，役に立つような子どもをつくるように考えられたわけ
です。そのために読物については敬神・忠孝・勇気・奉仕の心を養って，産業
とか科学についてもいろいろと勉強するような統制方針を出しているわけで
す。そのようなわけで，小学校としましては図書館の自由な利用に力を入れな
かったのだろうと私は思っております。

2. 児童書の検閲の一例『新満洲文庫』

　関東州や満洲国には日本人がたくさん住んでいて，当然子どもも多いわけで
す。これを在満少国民などと呼んでいましたが，やはり日本人ですから国定教
科書で勉強しなければならない。ところが満洲国と日本とはたいへん風土が違
います。例えば日本の教科書で第一に「サクラガ　サイタ」が出てきますけれ
ども，満洲では桜はあまり咲いておりません。そのころ日本はまだ農村社会で
すから田植えとか稲刈りとかの話が出てくるけれども，満洲では高粱（コーリャ
ン）畑ばかり。日本の周りは海ですけれど，満洲では海に接するところが少な
いから在満児童にはわからないのですね。

　そのために『満洲補充読本』という別の教科書をつくっていました。編集者
は児童文学者の石森延男です。「野菊」なんていう童謡をつくっていますが，
立派な教科書をつくったので，文部省に呼ばれ，戦時中，戦後の教科書の編集
にあたるわけです。

　1939（昭和 14）年に石森は在満児童のために満洲のことがわかる本をつくろ
うと，『新満洲文庫』という 12 冊の本を編集しました。緑版が高学年，赤版が
低学年で各々 6 冊。満洲の風俗・歴史・地理・理科・修身（道徳ですね）・国語
とわかれていて，たいへん評判よくて文部省の推薦図書になったし，小学校の
校長先生などからよい本だといわれて，在満児童に読まれました。私もずいぶ
んこの本から影響を受けました。私は図書館の勉強のほかに古生物学をかじっ
ておりますが，これは，『満洲補充読本』などに載せた石森の作品を集めた『生
きようとする姿』に，子どもが三葉虫の化石採集に行く詩があって，興味を持っ

たことが始まりになります。

　私は気仙沼の図書館に入ってから，子どもの利用が多いけれども子どもの読める郷土資料がない，それで『新満洲文庫』のような郷土資料を友達とつくろうと思ったのですけれど，結局1巻つくっただけで終わってしまいました。また県内図書館の人たちと子どものための郷土資料をつくったこともあり，私にとりましても影響が多かった本です。

『満洲新童話集』（気仙沼図書館所蔵）
満洲の子どもたちが読んでいた新満洲文庫の中の1冊

　ところが国語編の中に平方久直の「軍人の子」[1]という童話がありました。主人公の三ちゃんのお父さんは満洲事変で奥地に出征，お母さんと2人で家を守っていますと電報が来て，戦死って字が見えたもので「お父さん戦死したって」と知らせると，お母さんは畳にうつ伏せてしまう。よく読んでみたらお父さんと一緒に行った小父さんが亡くなったという話で，安心して「ぼくもお父さんみたいな軍人になるんだ」っていうと，お母さんが「三ちゃんは軍人になんかしません，母さんは軍人なんか大嫌いです」，「だって軍人ってお国のためになるんでしょう」っていったら「子どもはいらないことを言うんじゃありません」と怒られるわけです。

　軍人の妻とか親は，建前では軍人は国のために戦死などといいますけれど，

本音はいえないわけですから，あえて作者は代弁したと思うのです。

　当時，男の子は兵隊になると決まっていたから，私は子どものころ，病気がちだし鉄棒なんかも下手で，そんなことでは兵隊になれないなどといわれていたので，このお母さんの言葉は少しうれしかったことがあります。

　話の結末は，お父さんが近くの街まで帰って来て三ちゃんは会いに行き，兵隊を指揮しているお父さんを見て，やはり軍人になりたいと思うのですが，作者は後で憲兵隊に呼ばれて意図，思想背景など調べられ『新満洲文庫』はずたずたに裁断され廃棄されました。そういうふうに子どもの本といえども検閲や廃棄があったということであります。

　『新満洲文庫』全部が廃棄される必要もないと思うのですけれども。石森の目的は在満児童に満洲のことを知ってほしかったのでしょうが，軍人や満洲を植民地化したい人から見ると何も児童が満洲の歴史や民俗を知る必要はない，むしろ満洲人（中国人）の方が日本に同化するべきだ，そういうことでこの本が廃棄されたのでないかと思います。

　例えば，小池歩の「月とめししんじょう」[2]という童話があるのです。中国人の貧民の子は日本人の家のゴミ溜めから残飯，魚や野菜のくずをあさってそれで食事をしている。それを日本人は「飯進上」（食べ物下さい）といって不潔がったり軽蔑したりしていたわけで，貧しい中国人の生活とそれに比べた日本人の贅沢と傲慢に触れた童話です。日本人の家庭の洗濯で何とか稼いでいた病気のお母さんは，少しぐらいの日本語を知らないと満洲ではよい仕事につけないと子どもに片言の日本語を教えるのです。するとお父さんが，何で中国人が日本語を覚えるのだ，恥知らずと怒るところがあって，そこにも日本人が危険な童話と見たのではないか。総じて石森の編集方針が戦時色を避けて平和の時代の話を入れたことが時代に合わなかったのではないでしょうか。

3. 中学生時代

　1944（昭和19）年に中学校に入学し，まず『生徒必携』っていう小さな本をもらいました。これが学校生活すべてに制限のある本で，外出するときには制

服を着ろ，独りで飲食店に入ってはならない，父兄同伴でなければ映画館に入れない，そうして「課外の図書をよむべからず」，「教科書以外の図書を読む時は学校の許可を要す」という規則がありました。

実際このころになりますと本がないのですよ。友達と一緒に自分の家から本をもってきて学級文庫をつくろうとしましたが，学校側から禁止されてしまいました。もっとも戦時中ですから授業より勤労作業が多く，休憩時間に教科書を読めるくらいでした。

ところが監督にくる上級生でお前たちも外国文学くらい少しは読んだ方がいいという人がいて話を聞いたら，あの人は不良だから近寄らない方がいいと友達から注意されました。当時は外国文学など読むやつは，煙草を喫するやつと同じ，不良少年の部類でした。

そのころ，祖父の家で旧制高校で学生運動をした叔父の書棚に社会科学辞典がありました。学校では科学の心を養えというから理科の本かと開いてみたら，農村問題，第一インタナショナルとかわからない言葉ばかり。やたらに○○ [3]が入った変な本だなとページをくったら大逆事件というとんでもない文字を見つけ驚きました。学校で教えている日本人すべてが天皇崇拝でないことを初めて知り，世の中に隠れたことがあって，それで読ませたくない本があるのだとおぼろげながら悟ったわけです。

それから戦争が負けてたちまち様子が変わりました。ソビエト兵が来て略奪はする，婦女暴行はする。中国人の方も今までいじめられていたものですから，強くなりまして日本人に仕返しをしたりして，たいへんな不安と屈辱の時期がありました。

私が意外に思ったのは，戦争中は天皇に忠節，戦争は東亜解放の聖戦だといっていた先生の中から，ソビエトが来たら腕に赤い腕章をつけて，今までの悪いことの根源は天皇のせいだ，長らくお前たちは中国に悪いことをしてきたのだから反省文を書け，日本に帰ったら人民解放の戦士となれなどといわれ，なんかわけがわからなくなりました。ラジオも没収，新聞もなく，日本はどうなっているのか情報がわからず，自分たちはどう生きるのか不安な日々でした。

生活のため蔵書を売る先生も出て，『キュリー夫人伝』を買って読んだので

すが，ロシアに奪われた故国ポーランドのため，発見した元素にポロニウムと名付けた話に感激し，文化的な仕事が大切だと思ったわけです。

4. 気仙沼図書館と菅野青顔

1年半ほど外地で敗戦生活のあと，1947（昭和22）年に気仙沼町に引き揚げてきました。ところが本の持ち帰りは禁じられました。もっともリュック一杯の荷物しか持ち帰れないのだから仕方がありません。しかし勉強しなければなりませんからコンサイスとか数学の教科書は隠して持ってきたけれど，帰ってからも本を読みたいのです。書店に行くと仙花紙[4]の本を売っていますけど引揚者には買えない。

気仙沼の図書館は自慢できますよといわれ，行ったらよい本が揃っていました。なぜ本があったかというと，その図書館運営に情熱をかけていた嘱託館長の菅野青顔（かんの　せいがん）のためでした。

菅野青顔は町内切っての読書人で，地元新聞の記者だったのですが，戦争中に新聞が発行できなくなったので図書館の嘱託になりました。この人がまさに図書館経営の鬼みたいな人でした。「せいがん」は青い顔と書きますが本名ではないのです。千助が本名。青年時代に労農運動に入って同人雑誌を編集，ソビエト革命を賛美した詩をつくったものですから警察署から菅野千助名義で罰金をくらった。以後，千助とは国家から管理された名前だから嫌だと名前を青顔に変えた。その由来は，青は中国で高貴な色，顔は顔回と顔真卿にちなんで筆名にしたといいます。

老子の哲学を研究し，老子は周王朝の文庫係だったので図書館員は世界最高の仕事であると信じており，図書館だけはほかに誇れるものをつくりたいと自分の蔵書を寄託し，有志から寄付を募ったりして良書を集めていたわけです。

あらゆる権威を否定するダダイズムという文芸思想がありますが，それを最初に日本に伝えた辻潤の本に感銘し，彼を人生の師とし，反権力，自由人として思うがままに生きました。何しろ国立国会図書館が赤坂離宮——今の迎賓館——にあったとき見学に行って，係の人が困りますというのに昭和天皇の学習

の椅子に座って煙草を一服してきた人ですから。

　話が横道にそれましたが，最初に私が図書館を訪ねたとき，青顔は怖い顔をして学校をサボって来たのかと聞くので，引揚者なので新学期から転校しますというと，「では毎日読みに来い。学校など行くな，今度の戦争で学校の教えたことは皆うそだったでネエか，図書館で本を読んで考えるのが本当の勉強だぞ」と荒っぽい気仙沼方言でいわれたのが印象に残りました。

　世の中で一番大切な本は人間を解放した聖書と資本論だ，これを置いてない図書館は図書館でないといっておりましたから，嘱託になっても資本論，社会主義の本を並べておりました。そうすると特高警察が来てこういう本は置いてはならない，没収するという。理屈をつけて置いていたのですけれど，とうとう1943（昭和18）年の5月ですが「警察が国家に害ありとうるさく言うから，面前で台帳から抹消す。ただし当方で廃棄することにして没収は免れた」と日記に書いて，廃棄したことにして実はその本は全部床下にしまっておいた。戦後になってからそれを読むことができました。当時としては骨のある人だったと思います。

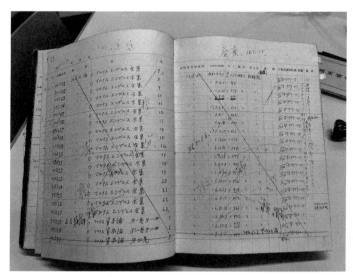

気仙沼図書館の台帳
改造社編『マルクス エンゲルス全集』の記載箇所。右端に「廃棄」「18.5.25」の文字がある。

その反骨は戦後にも及び，進駐軍が戦時中の国家主義や軍国主義の本，戦争中の記録など没収する指令が来たところ，戦時中にいかなる馬鹿げた考えが通用したかを後世に資料として残すのは図書館の仕事だといって提出しませんでした。

5. 戦時中の図書館統制

1996（平成8）年に『図書館80年のあゆみ』[5]を編集した際，昔の文書綴りから戦時中の図書館統制を知る文書2通を見つけました。

1通は，1944（昭和19）年6月12日付宮城県内政部長から県立，市町村立，私立各図書館長宛の「出版物閲覧指導強化ニ関スル件」で，大略は苛烈な決戦下，国民の戦意向上と強固な思想統一が急務であるのにかかわらず，国民思想を混乱する出版物が出回っている。特に学生や知識層に思想的図書を読む傾向があり，出版物入手困難に伴い利用者が激増するものと思われ図書館の思想指導は重大なのに不良図書の取り扱い，思想統一の活動は不十分であるとして，職員に適格者を選任すること，読書指導にあたっては県の思想対策研究会と密接な連絡を取ること，不良図書と認められる出版物の取り扱いについては廃棄，削除，閲覧制限を行うべきこと，左翼的雑誌の閲覧禁止，不良図書の取り扱いは警察当局と密接な連絡を保持すべきことを指示しています。

もう1通は，1944（昭和19）年10月30日の宮城県内政部長名で，戦時下の図書館は，図書収集閲覧の施設に止まらず，読書指導に依っては国民の自覚と戦力向上に資する使命があり，文部省では，図書館職員に対し思想練成会を開くので，司書または司書事務取扱者1名を必ず受講させよとの通達でした。

これにより宮城県では，塩釜神社を会場に，3日にわたり，文部省教学官を講師に『国体の本義』（国民教化の基礎読本）と皇国史の講義，ならびに戦時下の読書指導による国民思想指導について講義が行われています。

他の図書館にもこのような文書が保存されているのではないか，探してはどうでしょう。

6. 図書館司書として

　このように情報が国家管理されたころが過ぎ，敗戦によってしばらく自由と民主主義が謳歌された時代がありましたが，講和後に再び復古調が出てきました。

　1954（昭和29）年の「教育2法案」は教育，言論界に衝撃を与え，日本図書館協会でも「図書館の自由に関する宣言」を行おうとしました。菅野青顔は率先して1955（昭和30）年の全国図書館大会に出席，賛成意見を述べていますが，多くの館長らは建前としては賛成だが，副文については今の公務員で守れるか，自由の侵害が起きて抵抗したとして誰が助けてくれるのか，と賛成しなかったのです。つまり，支える組織がなかったわけです。

　私は1953（昭和28）年に気仙沼図書館に入りまして，25年間，菅野青顔の下で仕事をしたわけですが，図書館は人類最高の仕事で図書館職員は図書館に惚れ込め，図書館はあらゆる権威から自由だと教えられてきました。

　1961（昭和36）年，司書講習のときに日本図書館協会事務局長の有山崧（たかし）さんの最後の成人教育の講義を聞いたのですが，その先年に例の「60年安保」がありました。国を挙げ大騒ぎをしましたけれども，有山さんがいうには，安保で国会に押しかけた人には岸内閣に反対する人とアメリカに反対なのと安保改正に反対なのと3種類ある。岸に反対というのは感情的によくわかる，反米もわかる，ただし反安保というのは非常に判断を要するものであって，簡単に賛成や反対するというものではないのだ。それを日本人がよくわかって運動したのだろうかと。当時アメリカで民族間のトラブルから大きな騒ぎが起こったとき，その土地の図書館はなぜそんな問題が起きたか資料をつくって配付して騒ぎが静まった。図書館とは本当はそういう仕事をしなければいけないのだと。「60年安保」のとき日本の図書館が一般の人が判断できるための資料をつくったか，これからの図書館は知識人でなくて大衆にわかるような資料を提供しなければいけない。しかしそれはたいへんな仕事で，図書館を退職するとき大過なく過ごしましたなどという仕事ではない，との言葉に印象を受け，館長になりましても職員のミーティングで話していました。

戦時下の図書館での思想統制——検閲の事例と「図書館の自由」への道

　1975（昭和50）年，気仙沼市にジャスコという大型店の進出計画が起こって，市民が賛否両論になりました。町が潤うという人がいるし，あんなものが来たら中小企業は全部つぶれてしまうという人もいる。市長も新年の挨拶で職員の研究を望むというし館内でも関心があったので，図書館で何ができるか話し合ったところ，影響ある都市の資料を集めて市民に提供しようじゃないかということで，市の商工課，商工会議所などから資料をもらって提供したわけです。

　ところが市商工課から，塩竈市から提供されたジャスコが来て町の経済が破壊されたという資料をジャスコが来ることに猛烈に反対している民主商工会には見せないでほしい，せっかく進出賛成にまとまりかけているのに影響がある，との申し入れがありました。一方，民主商工会からは，図書館はすべての資料を公開する義務があると文書で要求してきました。商工会と市の間に立ちまして，たまたま仙台で第6回図書館問題研究会東北集会「テーマ：図書館と読書の自由」がありましたので，そこに行って話したら，ゲストで図書館の自由に関する調査委員会近畿地区小委員の石塚栄二さんから，塩竈市では一般に見せるためにつくった資料でしょう，気仙沼市が見せないのは筋がとおらない，公刊資料である以上は見せなければならないといわれて，それから市の方と交渉して問題は解決しました。それで，このような資料提供の自由を守るには相談できる機関が必要だと感じ，後に図書館の自由の委員会に関係する動機となりました。

　この資料提供は残念ながらそれほど利用されませんでした。しかし50年もたち，東日本大震災もありましたが，現在，気仙沼市の商店は市外の企業で支配され，個人商店が少なくなっています。大型店進出のことはもっと関心が持たれてもよかったのではないかという気がします。

　1972（昭和47）年には有吉佐和子の『恍惚の人』がベストセラーになりました。どこの図書館でも複本をたくさん買って問題になったりしました。ところが職員たちから，ベストセラーだから『恍惚の人』の読書会をするのはいいけど，第2番目の田中角栄の『日本列島改造論』も読書会の資料にしたっていいじゃないか，政治的な本だからしないのはおかしいという話がありました。

　気仙沼は水産業で発達した都市で，その隣に唐桑という町があり（現在は気

仙沼市に合併）広田湾という大きな湾に接している，その湾の北が岩手県陸前高田市です。『日本列島改造論』の中には，広田湾を開発して工業地帯にするというのがあります。そうすると水産の町唐桑に影響が出る，当然気仙沼にも影響がある。読書会なり開いて市民に関心を持ってほしいという意見があり，ではやってみようじゃないかとなりました。開発に賛成という自民党の市会議員と反対だという共産党の市会議員の2人が討論し，それから『日本列島改造論』を読んできた人が集まって意見を述べ合うという形で行うことにしました。

ところが開催の前日に田中内閣が議会解散して総選挙に入りました。すると教育委員会から電話が来まして，首相の政策を批判するような会合をこんなときに持っては困る，やめてくれといわれた。でも広告を出したし皆が期待しているから止められない。図書館では問題にならないようにやりますからといったのですけれど，図書館で問題にならなくても何か起こったら教育委員会の責任になるとのことでしたが，あくまでも公平な立場で行うと実行しました。当日は唐桑の養殖業者など思ったより人が集まり，住民に関心ある学習会ができてよかったと思っております。

こういう仕事はやっていかなければと思うんですけれど，一番の問題は市とか教育委員会はあまりこういう活動に理解がないのではないか。問題が起きることを心配してやらないということがありますね。こういう活動も図書館はやるのだとのPRが必要ではないでしょうか。

おわりに

まとめにはいります。

戦時下の国民は非常に強い思想統制によって批判を許されずに戦争に協力して，多くの悲劇を繰り返しました。このとき，図書館は国民教化の役割を果たし，戦争に協力したということは，図書館として決して忘れてはいけない問題だと思っております。

現在，残念ながら地球上にはまだ思想統制によって戦争に進めていく国があります。かつての日本と同じことをやっている。健全な国家とはいえないので

やがては崩壊の道をたどるのでないでしょうか。知る自由が国民にないのは恐るべきことだと思います。

　かつてアメリカの図書館調査に行ったときに，原子爆弾をつくりましたロスアラモス郡のメサ図書館（中心館）で印象を受けたのですが，利用案内にジョン・F. ケネディ大統領の図書館に対するメッセージが書いてありました。少し長いのですが要約します。

　「我が国が強く，健全な国であるためには，新しい知識と，それを求める多くの賢明な人々，そのための良書と，それをもつ多くの公立図書館が必要である。これら図書館は，ただ検閲者のみを除外して，すべての人に開かれていなければならない。我々はすべての事実を知り，二者択一の道を残し，すべての批判に耳を傾けなければならない。」

　岸田さん［岸田文雄首相］が図書館についてどういう考え方を持っているかわかりませんが，一国の大統領がこれだけの図書館に対する意識を持っているということはたいへん立派なことではないかと思います。

　これで終わります。ありがとうございます。

注
1)　石森延男編『東亜新満洲文庫　尋常 4・5・6 学年用　5（文学篇）（満洲新童話集)』修文館　1939　p.4-15
2)　石森延男編『東亜新満洲文庫　尋常 4・5・6 学年用　5（文学篇）（満洲新童話集)』修文館　1939　p.42-53
3)　伏字を表す。検閲による発禁処分を避けるため，文字の代わりに○○や××を印刷した。
4)　物資が不足していた戦後にくず紙を漉き返してつくった粗悪な洋紙。
5)　気仙沼市図書館編『図書館 80 年のあゆみ』気仙沼市図書館　1996

おわりに

　本書は，2023年11月に第109回全国図書館大会岩手大会で開催した分科会の講演録です。

　第7分科会（図書館の自由）では，「戦争と図書館」をテーマに3名の講師の方からそれぞれ異なる視点でご講演いただきました。新屋朝貴氏の講演では図書館員が守った図書，検閲の痕跡が残る雑誌をもとに，戦時下の図書館について語っていただきました。濵慎一氏の講演からは，図書館に残されたさまざまな業務記録を通じて，警察の指示に従い，検閲に協力するだけでなく，ときには自発的に資料を差し出す当時の図書館員の姿が見えてきます。荒木英夫氏には，当事者の視点から戦時下の読書について，また図書館統制について語っていただくとともに，戦後の図書館界と「図書館の自由」への思いをお話しいただきました。

　戦後79年を迎えて当事者として戦争体験を語ることのできる人が減少し，記憶の風化が懸念されています。世界に目を向けると，2022年にロシアによるウクライナ侵攻が始まり，現在も各地で戦闘が続いています。2023年にはイスラエルによるパレスチナ自治区ガザへの攻撃が激化し，人道危機が深刻化しています。こうした中で，本書が日本における戦時下の図書館への思想統制と検閲の状況を改めて学び，戦争と向き合う図書館のあり方を考える一助となることを願います。

　本書の編集は山口真也，熊野清子，伊沢ユキエ，平形ひろみ，小南理恵が担当しました。刊行にあたっては，新屋氏，濵氏，荒木氏には原稿の細かな確認や当日の発表資料の掲載など，多大なるご協力をいただきました。改めて感謝申し上げます。また，荒木氏の講演中に掲載されている「気仙沼図書館台帳」および『満洲新童話集　尋常四・五・六學年用』の書影については，気仙沼図書館および気仙沼市教育委員会より書影の掲載許諾を得ました。ここに記してお礼申し上げます。

小南理恵

■著者紹介■

新屋　朝貴（しんや　ともき）
2018 年 4 月より公益財団法人三康文化研究所附属三康図書館職員として勤務。
2023 年 8 月から東京都図書館協会理事，2024 年 4 月から専門図書館協議会研修委員会委員長。
著作「旧大橋図書館から引継がれた雑誌：博文館発行雑誌を中心に」（『専門図書館』311 号　2022）ほか。

濱　慎一（はま　しんいち）
2010 年 4 月より伊那市教育委員会所属。伊那市創造館での博物館関係の業務のほか，市内遺跡の発掘調査など文化財行政に携わる。
著作「小学生が発見した前方後円墳」（『明日への文化財』78 号　2018），共著『伊那市郷土学習読本　わたしたちのふるさと』（伊那市郷土学習読本編集委員会 2017，2024）ほか。

荒木　英夫（あらき　ひでお）
1931 年旧関東州大連市出生。1952 年宮城県気仙沼高等学校卒業。1953 年気仙沼町図書館勤務，1978 年気仙沼市図書館長，1992 年同館退職。この間，日本図書館協会において「中小レポート」実地調査委員，評議員，図書館の自由に関する調査委員会全国委員、第 3 次アメリカ図書館システム調査員。退職後，気仙沼市史編さん委員。
著作『気仙沼文化史年表』（荒木英夫　2003），「中小図書館に参考業務を定着させるために」（『図書館雑誌』80 巻 6 号　1986），「公立図書館に委託司書はなじむか」（『図書館雑誌』84 巻 11 号　1990），「図書館に惚れ込んだ人：菅野青顔私記　1-10」（『としょかん村』1-10 号　2009-2012），「私と図書館の自由　1-3，補遺」（『みんなの図書館』218-221 号　1995），共著『アメリカ小図書館のシステム』（日本図書館協会　1978）ほか。ほかに日本古生物学会員として三葉虫，古生代サメの報告がある。

JLA Booklet no.17 ••

戦争と図書館　戦時下検閲と図書館の対応
－第 109 回全国図書館大会講演録

2024 年 9 月 5 日　初版第 1 刷発行
定価：本体 1,000 円（税別）

著者：新屋朝貴，濵慎一，荒木英夫
編者：日本図書館協会図書館の自由委員会
表紙デザイン：笠井亞子
発行者：公益社団法人　日本図書館協会
　　　　〒 104-0033　東京都中央区新川 1-11-14
　　　　Tel 03-3523-0811 ㈹　Fax 03-3523-0841　　www.jla.or.jp
印刷・製本：㈱丸井工文社

••

JLA202410 ISBN978-4-8204-2403-1　　　　　　　　　　　　　　Printed in Japan
本文用紙は中性紙を使用しています